Cornelia Haas · Ulrich Renz

Mon plus beau rêve

Minun kaikista kaunein uneni

Livre bilingue pour enfants

avec livre audio et vidéo en ligne

Traduction:

Martin Andler (français)

Janika Tuulia Konttinen (finlandais)

sefa

Livre audio et vidéo :

www.sefa-bilingual.com/bonus

Accès gratuit avec le mot de passe:

français: **BDFR1527**

finlandais: **BDFI1518**

Lulu n'arrive pas à s'endormir. Tous les autres rêvent déjà – le requin, l'éléphant, la petite souris, le dragon, le kangourou, le chevalier, le singe, le pilote. Et le bébé lion. Même Nounours a du mal à garder ses yeux ouverts.

Eh Nounours, tu m'emmènes dans ton rêve ?

Lulu ei pysty nukahtamaan. Kaikki muut näkevät jo unta – hai, elefantti, pieni hiiri, lohikäärme, kenguru, ritari, apina, lentäjä. Ja vauvaleijona. Myös nallen silmät painuvat jo melkein kiinni ...

Hei nalle, otatko minut mukaan uneesi?

Tout de suite, voilà Lulu dans le pays des rêves des ours. Nounours attrape des poissons dans le lac Tagayumi. Et Lulu se demande qui peut bien vivre là-haut dans les arbres ?

Quand le rêve est fini, Lulu veut encore une aventure. Viens avec moi, allons voir le requin ! De quoi peut-il bien rêver ?

Ja niin jo on Lulu Nalle-Unimaassa. Nalle kalastaa Tagayumi-järvellä. Ja Lulu ihmettelee, kuka tuolla ylhäällä puissa mahtaa asua?
Kun uni päättyy, tahtoo Lulu seikkailla vielä lisää. Tule mukaan, menemme käymään hain luona! Mistä se mahtaa nähdä unta?

Le requin joue à chat avec les poissons. Enfin, il a des amis ! Personne n'a peur de ses dents pointues.

Quand le rêve est fini, Lulu veut encore une aventure. Venez avec moi, allons voir l'éléphant ! De quoi peut-il bien rêver ?

Hai leikkii hippaa kalojen kanssa. Vihdoinkin hänellä on ystäviä! Kukaan ei pelkää hänen teräviä hampaitaan.

Kun uni päättyy, tahtoo Lulu seikkailla vielä lisää. Tulkaa mukaan, menemme käymään elefantin luona! Mistä se mahtaa nähdä unta?

L’éléphant est léger comme une plume et il peut voler ! Dans un instant il va se poser dans la prairie céleste.

Quand le rêve est fini, Lulu veut encore une aventure. Venez avec moi, allons voir la petite souris. De quoi peut-elle bien rêver ?

Elefantti on kevyt kuin höyhen ja pystyy lentämään! Pian se laskeutuu taivasniitylle.

Kun uni päättyy, tahtoo Lulu seikkailla vielä lisää. Tulkaa mukaan, menemme käymään pienen hiiren luona! Mistä se mahtaa nähdä unta?

La petite souris visite la fête foraine. Ce qui lui plaît le plus, ce sont les montagnes russes.

Quand le rêve est fini, Lulu veut encore une aventure. Venez avec moi, allons voir le dragon. De quoi peut-il bien rêver ?

Pieni hiiri katselee tivolia. Eniten hän pitää vuoristoradasta.
Kun uni päättyy, tahtoo Lulu seikkailla vielä lisää. Tulkaa mukaan,
menemme käymään lohikäärmeen luona! Mistä se mahtaa nähdä unta?

Le dragon a soif à force de cracher le feu. Il voudrait boire tout le lac de limonade !

Quand le rêve est fini, Lulu veut encore une aventure. Venez avec moi, allons voir le kangourou. De quoi peut-il bien rêver ?

Lohikäärmeellä on jano tulen syöksemisestä. Mieluiten se haluaisi juoda kokonaisen limonadijärven tyhjäksi.

Kun uni päättyy, tahtoo Lulu seikkailla vielä lisää. Tulkaa mukaan, menemme käymään kengurun luona! Mistä se mahtaa nähdä unta?

Le kangourou sautille dans la fabrique de bonbons et remplit sa poche. Encore plus de ces bonbons bleus ! Et plus de sucettes ! Et du chocolat ! Quand le rêve est fini, Lulu veut encore une aventure. Venez avec moi, allons voir le chevalier ! De quoi peut-il bien rêver ?

Kenguru hyppii läpi makeistehtaan ja ahtaa pussinsa täyteen. Vielä lisää sinisiä karkkeja! Ja lisää tikkareita! Ja suklaata!
Kun uni päättyy, tahtoo Lulu seikkailla vielä lisää. Tulkaa mukaan, menemme käymään ritarin luona! Mistä se mahtaa nähdä unta?

Le chevalier a une bataille de gâteaux avec la princesse de ses rêves. Ouh-la-la, le gâteau à la crème a râté son but !
Quand le rêve est fini, Lulu veut encore une aventure. Venez avec moi, allons voir le singe ! De quoi peut-il bien rêver ?

Ritari käy kakkusotaa unelmiensa prinsessan kanssa. Ooh! Kermakakku menee ohi!

Kun uni päättyy, tahtoo Lulu seikkailla vielä lisää. Tulkaa mukaan, menemme käymään apinan luona! Mistä se mahtaa nähdä unta?

Il a enfin neigé au pays des singes. Toute leur bande est en folie, et fait des bêtises.

Quand le rêve est fini, Lulu veut encore une aventure. Venez avec moi, allons voir le pilote ! Sur quel rêve a-t-il pu se poser ?

Kerrankin apinamaassa on satanut lunta! Koko apinajoukko on riemuissaan ja pelleilee.
Kun uni päättyy, tahtoo Lulu seikkailla vielä lisää. Tulkaa mukaan, menemme käymään lentäjän luona, mihin uneen hän on mahtanut laskeutua?

Le pilote vole et vole. Jusqu'au bout du monde, et encore au delà, jusqu'aux étoiles. Jamais aucun pilote ne l'avait fait.
Quand le rêve est fini, ils sont déjà tous très fatigués, et n'ont plus trop envie d'aventures. Mais quand même, ils veulent encore voir le bébé lion. De quoi peut-il bien rêver ?

Lentäjä lentää ja lentää. Maailman loppuun ja vielä eteenpäin tähtiin asti. Siihen ei ole vielä kukaan toinen lentäjä pystynyt.
Kun uni päättyy, ovat kaikki jo hyvin väsyneitä, eivätkä he tahdo enää seikkailla niin paljon. Mutta vauvaleijonan luona he haluavat vielä käydä. Mistä se mahtaa nähdä unta?

Le bébé lion a le mal du pays, et voudrait retourner dans son lit bien chaud et douillet.
Et les autres aussi.

Et voilà que commence ...

Vauvaleijonalla on koti-ikävä ja se haluaa takaisin lämpimään, pehmoiseen petiin.
Ja muut myös.

Ja siellä alkaa ...

... le plus beau rêve

de Lulu.

... Lulun kaikista kaunein uni.

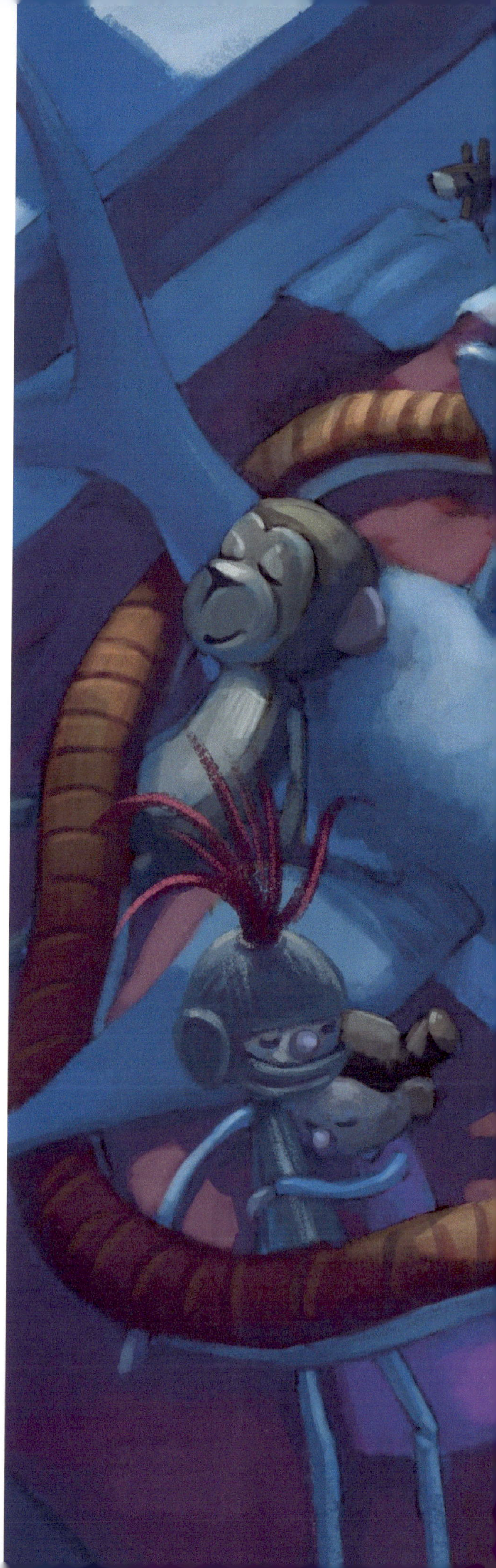

Les auteurs

Cornelia Haas est née en 1972 à Ichenhausen près d'Augsbourg. Après une formation en apprentissage de fabricant d'enseignes et de publicités lumineuses, elle a fait des études de design à l'université de sciences appliquées de Münster où elle a obtenu son diplôme. Depuis 2001, elle illustre des livres pour enfants et adolescents, depuis 2013, elle enseigne la peinture acrylique et numérique à la à l'université de sciences appliquées de Münster.

Ulrich Renz est né en 1960 à Stuttgart (Allemagne). Après des études de littérature française à Paris, il fait ses études de médecine à Lübeck, puis dirige une maison d'édition scientifique et médicale. Aujourd'hui, Renz écrit des essais et des livres pour enfants et adolescents.

Tu aimes dessiner ?

Voici les images de l'histoire à colorier :

www.sefa-bilingual.com/coloring

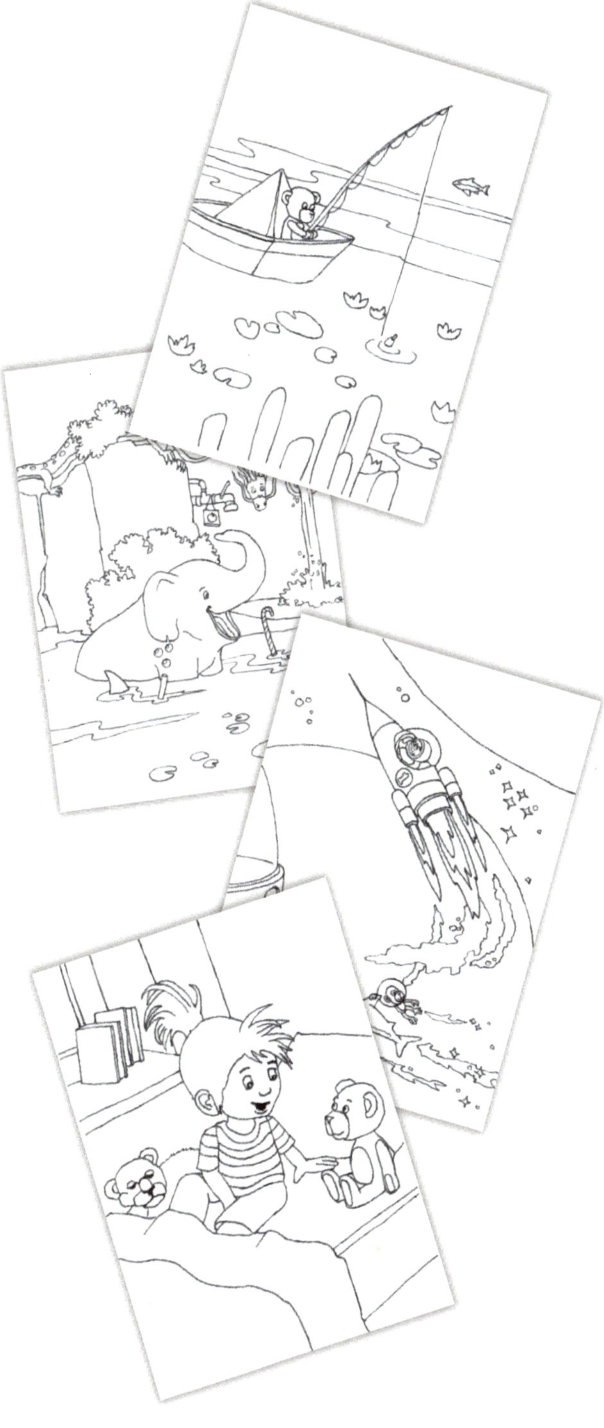

Dors bien, petit loup

À lire à partir de 2 ans

avec livre audio et vidéo en ligne

Tim ne peut pas s'endormir. Son petit loup n'est plus là ! Est-ce qu'il l'a oublié dehors ? Tout seul, il part dans la nuit – et rencontre des compagnons inattendus ...

Disponible dans vos langues?

▶ Consultez notre „Assistant Langues“ :

www.sefa-bilingual.com/languages

Les cygnes sauvages

D'après un conte de fées de Hans Christian Andersen

Âge de lecture : 4-5 ans et plus

„ Les cygnes sauvages », de Hans Christian Andersen, n'est pas pour rien un des contes de fées les plus populaires du monde entier. Dans un style intemporel, il aborde les thématiques du drame humain : peur, courage, amour, trahison, séparation et retrouvailles.

Disponible dans vos langues?

► Consultez notre „Assistant Langues" :

www.sefa-bilingual.com/languages

www.sefa-verlag.de

Special thanks for his IT support to our son, Paul Bödeker, Freiburg, Germany

ISBN: 9783739963204

www.ingramcontent.com/pod-product-compliance
Lightning Source LLC
Chambersburg PA
CBHW041443120626
46547CB00002B/327
* 9 7 8 3 7 3 9 9 6 3 2 0 4 *